DISCOURS

DE.

M. CHARLES JOURDAIN.

EXTRAIT

DE LA REVUE DES SOCIÉTÉS SAVANTES,

5ᵉ SÉRIE, TOME I, 1870.

MINISTÈRE DE L'INSTRUCTION PUBLIQUE ET DES CULTES.

RÉUNION ANNUELLE

DES

DÉLÉGUÉS DES SOCIÉTÉS SAVANTES A LA SORBONNE.

(SÉANCE DU 23 AVRIL 1870.)

DISCOURS

DE

M. CHARLES JOURDAIN,

MEMBRE DE L'INSTITUT

ET DE LA SECTION D'HISTOIRE ET DE PHILOLOGIE DU COMITÉ DES TRAVAUX HISTORIQUES

PARIS.

IMPRIMERIE NATIONALE.

M DCCC LXX

DISCOURS

DE

M. CHARLES JOURDAIN.

Messieurs,

Il y a quelques mois, dans les dix-huit académies dont l'Université de France est composée, les jurys institués en exécution du décret du 30 mars 1869 étaient appelés pour la première fois à décerner le prix de 1,000 francs fondé par ce décret en faveur de l'ouvrage ou du mémoire le meilleur sur un point d'histoire politique ou littéraire intéressant les départements compris dans la circonscription académique.

De son côté, la section d'histoire et de philologie du Comité des travaux historiques et des Sociétés savantes, selon la mission qu'elle avait reçue du décret impérial, a dû examiner les ouvrages couronnés et faire choix de celui auquel serait décerné un nouveau prix de 3,000 francs.

Ce double concours est un précieux gage de la sollicitude constante de l'Empereur pour le développement de ces nobles études, qui ne sont pas la moindre partie de notre gloire nationale. Mais, disons-le hautement, il avait moins pour but de provoquer de généreux efforts que de les constater par une récompense publique, et de mettre ainsi en pleine lumière les travaux accomplis sur les différents points du territoire en dehors de l'initiative du Gouvernement, avec un zèle si soutenu et à certains égards si fécond. Paris est le centre de l'activité intellectuelle dans notre pays: qui songerait à le nier? Mais serait-ce une erreur de croire que ce brillant foyer reçoit du dehors autant de rayons lumineux qu'il en répand? A ne considérer que les études historiques, les seules qui soient de notre compétence, quelle action utile n'a pas exercée depuis quarante ans sur leurs progrès, quels services ne leur a point rendus le dévouement judicieux de tous ces amis de la science qui, d'une extrémité à l'autre de l'empire, se sont consacrés à l'exploration de nos annales! Combien de documents, qu'on ne soupçonnait pas, ont été, par leurs soins, retrouvés et publiés! Combien de faits importants, connus ou expliqués pour la première fois! Combien d'erreurs redressées, tantôt dans de courtes mais substantielles monographies, tantôt dans des ouvrages étendus consacrés à l'histoire d'une ville ou d'une province! Les membres du Comité des travaux historiques et des Sociétés savantes sont, par leur institution même, les témoins en quelque sorte quotidiens de ce labeur intelligent; ils en constatent jour par jour l'estimable persévérance et les fruits sérieux; ils savent que, pour être appréciés, non-seulement par le pays, mais par l'étranger, à leur juste valeur, ces fruits demandent surtout à être connus. C'est pourquoi, en remerciant le Gouvernement impérial, en nous félicitant nous-mêmes de la création des nouveaux prix académiques, nous avons été particulièrement touchés de l'éclat mérité qui allait en rejaillir sur des œuvres également honorables pour leurs auteurs et pour l'érudition française.

La pensée même qui avait présidé à l'établissement du concours actuel devait conduire à en écarter deux sortes d'ouvrages : ceux-ci, dont les auteurs résidaient à Paris où les encouragements et les moyens de publicité ne manquent point aux œuvres littéraires; ceux-là, qui s'étaient déjà trouvés récompensés dans des concours précédents ouverts par l'Institut impérial. C'est ainsi, pour ne parler que des travaux de cette dernière catégorie, que les jurys départementaux n'ont eu à juger ni l'*Histoire du commerce de Montpellier*, de M. Germain, ni l'*Histoire des comtes de Champagne*, de M. d'Arbois de Jubainville, ni l'*Histoire du commerce et de la navigation à Bordeaux*, de M. Francisque Michel, ni l'*Histoire des ducs de Bourbon et des comtes de Forez*, de M. de Chantelauze, tous ouvrages couronnés antérieurement par l'Académie des inscriptions et belles-lettres. Malgré l'absence obligée de beaucoup de livres d'une grande valeur, le nouveau concours n'a pas trompé nos espérances. Dans la plupart des ressorts académiques, les concurrents ont été nombreux, et plusieurs de leurs travaux, quoique d'une portée très-inégale, offrent généralement la trace d'une érudition exacte, patiente et sagace. L'expérience heureuse qui vient d'avoir lieu est l'irrécusable indice que l'impulsion donnée, il y a un demi-siècle, à ce genre d'études, par de grands exemples et par des mesures libérales, n'est pas encore éteinte, et qu'elle continue à faire sentir de toutes parts sa féconde puissance.

J'ai la mission, aussi douce qu'honorable pour un rapporteur, de vous faire connaître les noms des lauréats dont les ouvrages ont été couronnés par les jurys des différents ressorts académiques; en voici la liste:

Académie d'Aix : *Les Juifs d'Avignon et du comtat Venaissin au moyen âge*, par M. Bardinet.

Académie d'Alger : *Recueil de poésies populaires de la Kabylie du Jurjura*, par M. le colonel Hanoteau.

Académie de Besançon : *Lacuzon, d'après de nouveaux documents*, par M. Phil. Perraud.

Académie de Bordeaux : *Histoire du droit dans les Pyrénées (comté de Bigorre)*, par M. Bascle de Lagrèze.

Académie de Caen : *Siége et prise de Rouen par les Anglais (1418-1419)*, par M. Puiseux.

Académie de Chambéry : *Histoire de la Chartreuse de Saint-Hugon, en Savoie*, par M. Eugène Burnier.

Académie de Clermont : *Chroniques d'Étienne de Médicis, bourgeois du Puy*, par M. Auguste Chassaing.

Académie de Dijon : *Étude historique sur Vezelay*, par M. Cherest.

Académie de Douai : *Senac de Meilhan et l'intendance du Hainaut*, par M. Louis Legrand; — *Jeunesse de Robespierre et convocation des États généraux*, par M. Paris.

Académie de Grenoble : Une série de documents historiques, mémoires, notices, etc. publiés par M. l'abbé Chevalier, de Romans (Drôme).

Académie de Lyon : *Histoire de l'ordre de Cluny depuis sa fondation jusqu'à la mort de Pierre le Vénérable*, par M. Henri Pignot.

Académie de Montpellier : *Jacme Ier le Conquérant, roi d'Aragon, comte de Barcelone.* — *Études sur la maison de Barcelone*, par M. Ch. de Tourtoulon.

Académie de Nancy : *Les offices des duchés de Lorraine et de Bar*, et *Pouillés du diocèse de Metz*, par M. Henri Lepage.

Académie de Paris : *Histoire de la communauté des marchands fréquentant la rivière de Loire*, par M. Mantellier.

Académie de Poitiers : *Histoire de Chenonceaux*, par M. l'abbé Chevalier.

Académie de Rennes : *L'Armorique au ve siècle*, par M. Morin.

Académie de Strasbourg : *OEuvres choisies de M. Spach.*

Académie de Toulouse : *La chambre souveraine de Languedoc*, par M. Cambon de La Valette.

Vous avez pu remarquer qu'un seul jury, celui de Douai, a cru devoir partager le prix. Ce partage a eu lieu contrairement à la lettre du décret et aux instructions ministérielles. Il n'a pas entraîné l'annulation de la décision du jury, ce qui eût été rigoureux ; mais il n'en était pas moins, à deux points de vue, très-regrettable. D'une part, il attribuait arbitrairement à un ressort académique le privilége de présenter deux candidats pour le prix de 3,000 francs, tandis que les autres ressorts n'en présentaient qu'un seul ; d'autre part, il aurait singulièrement embarrassé votre commission, si les deux ouvrages entre lesquels le prix de 1,000 francs a été divisé avaient eu, sur tous les autres, une supériorité qui leur permît de disputer le grand prix. En effet, nous nous serions trouvés alors dans l'alternative ou de partager à notre tour le prix, ce que les termes du décret n'autorisent pas, ou de contredire la décision du jury de Douai, en assignant une place différente à deux ouvrages que ce jury avait déclarés égaux.

Que vous dirai-je maintenant, Messieurs, de l'ensemble des travaux qui ont remporté les prix décernés dans les différentes circonscriptions académiques ? Tous justifient par des qualités sérieuses le succès qu'ils ont obtenu, et, dans la suite, ils seront certainement consultés avec fruit, cités avec honneur par les historiens des localités, des personnages ou des institutions qu'ils concernent.

Mais la section d'histoire et de philologie avait à faire un choix parmi les lauréats ; et, en accordant son estime à tous, elle ne pouvait donner son suffrage qu'à un seul. Afin de faciliter sa tâche, aussi laborieuse que délicate, elle chargea de l'examen préparatoire des ouvrages couronnés une commission de six membres, auxquels devaient s'adjoindre, selon l'usage, notre président, notre vice-président et notre secrétaire. La commission a consacré près de trois mois et plusieurs séances à peser les mérites divers des concurrents. A la suite d'une première délibération qui s'étendait à tous les ouvrages, cinq ont été particulièrement distingués et retenus pour être soumis à un nouvel et décisif examen : ce sont l'*Histoire de Chenonceaux*, de M. l'abbé Chevalier ; l'*Histoire des marchands fréquentant la rivière de Loire*, de M. Mantellier ; les *Études sur Vezelay*, de M. Chevest ; *Jacme Ier le Conquérant*, de M. de Tourtoulon ; l'*Histoire de l'ordre de*

Cluny, de M. Pignot. Je vous dois un compte rapide de l'appréciation que nous avons faite de ces ouvrages, soit dans les séances de la commission, soit dans une assemblée générale de la section d'histoire et de philologie, à qui la décision suprême appartenait. Les auteurs ne m'en voudront pas, je l'espère, de l'impartiale franchise avec laquelle je me propose d'indiquer les côtés de leur travail qui nous ont paru un peu faibles, et les parties que nous avons jugées excellentes. Nos critiques mêmes donneront plus de poids à nos éloges.

De longues et fructueuses recherches attestées par la publication de plusieurs volumes de documents inédits; l'art de rattacher les événements locaux à l'histoire générale; une narration animée; un style agréable et élégant: telles sont les qualités qui nous ont, à première vue, séduits dans l'*Histoire du château de Chenonceaux*. Toutefois, après un examen plus attentif et une discussion approfondie, nous sommes tombés d'accord que les destinées de ce château, quels qu'en aient été les hôtes, n'occupaient qu'une place relativement faible dans l'histoire nationale; que toute l'habileté de l'écrivain, et elle est incontestable, ne réussissait pas à élargir son sujet, et parvenait tout au plus à en dissimuler les limites resserrées; que, dans le détail même, l'érudition n'était pas toujours neuve, ni même complète: que, par exemple, dans le chapitre, curieux d'ailleurs, sur l'art français au xve et au xvie siècle, l'auteur avait répété ce que d'autres avaient dit avant lui, et laissait même douter qu'il fût au courant des travaux les plus récents sur la matière. Ces critiques, et d'autres que j'omets, ont conduit votre commission à écarter l'ouvrage de M. l'abbé Chevalier, après l'avoir d'abord réservé.

Le livre de M. Mantellier sur *Les marchands fréquentant la rivière de Loire* offre un aspect tout autrement sévère que l'*Histoire de Chenonceaux*. Là, nous ne trouvons plus de grands noms historiques, chers aux poëtes, aux romanciers et aux artistes; nous sommes en présence d'une corporation obscure, qui paraît remonter jusqu'aux temps de la domination romaine, que l'histoire retrouve au xive siècle, et qui a laissé dans de poudreux documents la trace de son existence. Ces documents jusqu'alors inédits, M. Mantellier les a retrouvés dans les archives du département du Loiret et de la ville d'Orléans; il les a compulsés avec le zèle intelligent de l'érudit, avec l'exactitude scrupuleuse du magistrat, et il en a tiré un livre qui, de la première à la dernière page, abonde en faits nouveaux exposés dans un style correct et sobre, parfaitement approprié au sujet.

Qu'aurait-il fallu à l'ouvrage de M. Mantellier pour enlever nos suffrages? Non pas plus de solidité dans la composition, mais plus d'étendue et d'intérêt dans le sujet lui-même. Nous attachons un très-haut prix aux recherches profondes, bien que partielles, qui laissent après elles une trace lumineuse et utile; mais il nous a semblé que M. Mantellier, trop préoccupé sans doute de la corporation particulière dont il se proposait de retracer les vicissitudes, s'était circonscrit dans des limites plus étroites que la matière ne le comportait. Selon nous, le savant écrivain aurait pu dégager avec moins de réserve et plus de hardiesse les lumières que les documents précieux qu'il a si patiemment recueillis fournissent à l'histoire du commerce et de l'industrie. En un mot, malgré notre sincère estime pour le remarquable travail de M. Mantellier, il ne se présentait pas à nous avec un caractère de supériorité qui défiât toute comparaison, alors que nous avions devant les yeux l'*Étude historique sur Vezelay*, par M. Cherest, ouvrage sérieux, très-digne lui-même d'entrer en lice et de disputer la victoire dans cette lutte pacifique.

L'*Étude historique sur Vezelay* forme trois volumes. Non-seulement elle embrasse l'histoire complète d'une commune depuis son origine jusqu'à la Révolution française; mais cette commune est une de celles qui ont joué un rôle principal dans ce vaste mouvement d'émancipation qui s'est déclaré au xii° siècle, et que M. Augustin Thierry a fait revivre pour notre génération dans d'admirables récits. M. Cherest a même eu le mérite de combler une importante lacune qui existait dans la narration de ses devanciers. L'unique exemplaire que l'on possède de la Chronique de Vezelay, par Hugues de Poitiers, renferme vingt-six feuillets lacérés de haut en bas vers le milieu de leur largeur. Ces feuillets mutilés, que le désespoir de les déchiffrer avait fait négliger jusqu'ici, ont été mis à profit par M. Cherest, qui a très-habilement restitué, sinon le texte même de la chronique, du moins les événements racontés par le chroniqueur, et qui n'embrassent pas moins qu'une période de trois années, de 1152 à 1155. C'est là un véritable service rendu aux études historiques. On ne pourra écrire désormais l'histoire de la révolution communale sans se reporter à l'ouvrage, disons mieux, à la découverte de M. Cherest. Que sous d'autres rapports le livre de M. Che-

rest laisse à désirer, que tous les chapitres n'aient pas une égale
valeur, que dès le second volume l'intérêt faiblisse et qu'il aille en
diminuant jusqu'à la fin, il serait difficile de le contester. C'est que
la commune et l'abbaye de Vezelay n'ont pas autant d'importance
que les travaux dont elles ont été l'objet le feraient supposer. Elles ne
méritent l'attention de l'historien que durant quelques années du
xiie siècle. A partir de ce moment, on ne les trouve plus mêlées ni
aux événements politiques, ni aux querelles religieuses, ni aux progrès de la littérature et de la philosophie. Elles n'ont produit ni un
théologien, ni un moraliste, ni même, à l'exception de Hugues de
Poitiers, un seul écrivain qui nous soit connu, de sorte que, dans ces
trois volumes consacrés à une abbaye, nous n'aurions pas à citer une
page qui concerne la vie intime, le côté religieux et moral de ses
destinées. Quant à l'époque vraiment intéressante de l'histoire de
Vezelay, elle avait trouvé en M. Augustin Thierry un narrateur in-
comparable; M. Cherest n'a fait que compléter un coin du tableau
que ce grand peintre avait tracé avant lui. Quelque patience heureuse, quelque sagacité qu'il ait déployées dans cette œuvre délicate, a-t-elle assez d'ampleur et de portée générale pour assurer
à l'*Étude sur Vezelay* le premier rang dans le concours actuel?

Nous n'aurions pas à faire les mêmes réserves, nous ne voulons
pas dire les mêmes critiques, à propos de l'ouvrage de M. de Tourtoulon, *Jacme Ier le Conquérant*. Ici les vues générales abondent, et
elles s'étendent à tous les éléments dont se compose la vie d'une société, faits politiques, législation, littérature. Les événements et les
hommes sont jugés de haut, et nous ne croyons pas nous tromper en
disant que c'est sur les cimes les plus élevées de l'histoire que l'auteur
a prétendu se placer. C'est là une noble ambition, à laquelle il ne
faut jamais renoncer, mais dont il est sage de se défier; car elle ex-
pose à des jugements arbitraires ou erronés, et elle est voisine de
l'emphase. M. de Tourtoulon n'a évité complétement ni l'un ni
l'autre de ces écueils. Nous avons relevé dans son livre un grand
nombre d'aperçus qui contenaient un fond de vérité assurément,
mais qui, par leur exagération même, nous ont paru constituer des
erreurs historiques d'une certaine gravité. Nous y avons rencontré
également plus d'une page prétentieuse et déclamatoire; mais hâ-
tons-nous de dire que ces défauts sont en partie rachetés par de
précieux mérites. Il y a de la vie et par conséquent du charme et
de l'intérêt dans cette histoire de Jacme Ier. Les défauts mêmes du

style touchent à des qualités et donnent à l'exposition, au moins dans quelques passages, un certain relief qui frappe et qui pénètre l'esprit du lecteur. En ce qui touche le fond même de la composition, nous n'avons pu méconnaître le soin extrême que M. de Tourtoulon a mis à explorer les archives d'Aragon, les documents précieux qu'il en a tirés, les lumières nouvelles qu'il a répandues sur des faits peu connus, les services qu'à tous égards il a rendus aux sciences historiques. Dans la préface de son second volume, il signale lui-même à l'attention des érudits les chapitres qu'il a consacrés à la législation des royaumes d'Aragon et de Valence; et en effet, ces chapitres, travaillés avec beaucoup de soin, offrent un résumé neuf et intéressant de l'ancienne législation de l'Espagne. Aussi sommes-nous loin de nous étonner du succès que l'*Histoire de Jacme Ier* a obtenu dans l'Académie de Montpellier et des suffrages qu'elle a recueillis au delà des Pyrénées. Toutefois, nous avons dû nous demander si un pareil ouvrage n'intéressait pas l'Espagne plus que la France, si par conséquent il ne s'écartait pas, sous quelques rapports, des conditions du concours actuel, et, en tout cas, si, à mérite égal, il n'y aurait pas lieu de lui préférer un travail exclusivement consacré à l'histoire nationale, tel, par exemple, que l'*Histoire de l'ordre de Cluny depuis la fondation de l'abbaye jusqu'à la mort de Pierre le Vénérable*, par M. Henri Pignot.

Cet ouvrage, le dernier dont il me reste à vous entretenir, ne forme pas moins de trois volumes grand in-8°, de cinq à six cents pages chacun. On y trouve le tableau détaillé des destinées de l'ordre de Cluny durant la période la plus glorieuse de son existence, celle de saint Odon, de saint Mayeul, de saint Odilon, de saint Hugues, c'est-à-dire durant la période des grands abbés, des puissantes fondations et des réformes austères. Trois chapitres sont consacrés aux coutumes monastiques et aux coutumes civiles de Cluny, deux à l'architecture clunisienne. La biographie de Pierre le Vénérable, ses réformes et l'analyse de ses écrits occupent un volume entier, qui est le troisième. L'ouvrage se termine à la mort de ce grand personnage, au moment où l'illustre institution dont il avait été une des gloires s'éclipse et s'abaisse, en laissant l'empire des âmes à d'autres ordres plus jeunes, qui renouvellent et perpétuent son action dans l'Église et dans le monde.

Vous aurez pu remarquer, Messieurs, que les trois volumes de M. Pignot réalisent, aussi exactement et d'une manière aussi large qu'on peut le désirer, les conditions définies par le décret du 30 mars 1869. Ils sont d'ailleurs rédigés en grande partie d'après les témoignages contemporains, dont l'auteur s'attache à reproduire les formes simples et naïves, sans reculer, dit-il, devant la légende qui révèle les côtés les plus intimes de la vie du cloître. L'ouvrage, dans son ensemble, est un livre bien fait, composé avec art, écrit dans un style simple et correct, ferme et élégant. Les faits sont habilement groupés, la narration intéressante, les aperçus en général judicieux et quelquefois élevés. On ne rencontre nulle part ces appréciations exagérées et enthousiastes que présentent fréquemment, de nos jours, des ouvrages solides d'ailleurs, consacrés à l'histoire du moyen âge. M. Pignot, sans aucun doute, a le sentiment profond des hommes et des choses de cette mémorable époque, et quelques-uns de ses récits sont empreints de la foi qui animait nos pères; mais, dans l'expression de sa sympathie, il conserve ce ton mesuré, calme et sévère, qui est une garantie de la véracité de l'historien et de l'impartialité de ses jugements.

A ces éminentes qualités se trouvent mêlés, dans l'ouvrage de M. Pignot, deux défauts qui ont frappé la section d'histoire et qui l'ont vivement préoccupée. Le premier, c'est l'insuffisance que présente à quelques égards l'érudition, une certaine mollesse dans la critique, et, comme inévitable conséquence, des erreurs de détail dont il serait facile de relever un assez grand nombre. Nous avons regretté que M. Pignot ne connût qu'imparfaitement les derniers travaux de la science contemporaine; la lecture de ces travaux lui aurait épargné certaines appréciations superficielles, certaines attributions erronées, qui font tache dans son livre. Le second reproche que votre commission croit pouvoir adresser à M. Pignot, c'est de ne pas avoir puisé assez largement aux sources inédites. Ces sources sont en grand nombre. Sans parler des documents que possède la bibliothèque de la ville de Cluny, il existe à la bibliothèque Impériale un recueil de soixante et quinze volumes, comprenant les transcriptions des titres de l'abbaye, faites au siècle dernier par un avocat d'Autun, Lambert de Barive. M. Pignot a connu ce recueil, car il le cite; mais il ne paraît pas s'en être servi autant qu'il aurait dû : il n'y renvoie du moins presque jamais, et de son silence on peut conclure qu'il n'a pas tiré tout le parti désirable des richesses accumulées par les moines de Cluny. S'il eût fouillé plus à fond cette mine précieuse, il nous eût sans doute fait connaître, pour ne citer qu'un seul exemple, l'ancienne bibliothèque de l'abbaye, dont il ne parle pas, et dont cependant il existe un catalogue, retrouvé récemment par notre savant confrère, M. Léopold Delisle.

Il résulte des observations qui précèdent que l'ouvrage de M. Pignot ne saurait être considéré comme un livre définitif, contenant le dernier mot de la science historique sur le sujet qui s'y trouve traité. N'exagérons rien cependant. L'histoire d'une grande institution monastique telle que Cluny se trouve moins dans les chartes inédites qui peuvent être découvertes que dans les ouvrages de ses membres les plus illustres, dans les biographies qui leur ont été consacrées par de zélés disciples, dans les détails fournis sur l'institution par les chroniqueurs contemporains. Là se rencontrent, il faut bien le reconnaître, les éléments principaux d'une histoire vraiment vivante, qui nous remet sous les yeux la physionomie et le caractère, les actions généreuses, les saintes vertus, les erreurs et les fautes, la foi et les doctrines des personnages du temps passé. Or, parmi les documents de cette nature concernant l'ordre de Cluny, ceux qui ont vu le jour ont été, à peu d'exceptions près, tous étudiés par M. Pignot. Il a eu sous les yeux et il connaît à fond la *Bibliotheca Cluniacensis* de Marrier, l'*Amplissima Collectio* et le *Thesaurus anecdotorum* de Martene, les *Annales ordinis Sancti Benedicti* de Mabillon, les œuvres de Pierre le Vénérable et de saint Bernard. Il emprunte à ces différentes sources des citations fréquentes, heureusement choisies, qui se marient sans effort à son récit, grâce au talent avec lequel il traduit souvent les textes originaux qui paraissent le plus rebelles à notre langue. Ce rare mérite de la composition, joint à un savoir qui laisse peu à désirer dans les parties les plus importantes, assure à l'œuvre de M. Pignot un succès durable. On pourra, dans quelques années, consacrer à l'histoire de l'ordre de Cluny un ouvrage plus complet à certains égards sous le rapport de l'érudition, plus exact quant aux détails, mais non pas mieux pensé ni mieux écrit.

Dans ce rapport, qui a dû vous paraître long et que ma conscience trouve à peine suffisant, je vous ai fait connaître, Messieurs, les ouvrages entre lesquels nous avions à nous prononcer, et les observations contradictoires dont ils avaient été l'objet dans le cours de nos délibérations intérieures. Vous aurez apprécié, j'en ai la confiance, le soin scrupuleux que la section d'histoire et de philologie croit avoir apporté à bien remplir la mission difficile qui lui avait été confiée. C'est déjà une tâche délicate que d'assigner un rang à de bons travaux qui roulent sur le même sujet et qui ne diffèrent que par le degré du mérite; mais la difficulté est beaucoup accrue quand aux différences de la méthode et du style s'ajoute, comme dans le concours actuel, une extrême diversité dans les questions traitées; dans ce cas, plus il est embarrassant de se prononcer, plus il importe que la décision soit éclairée par la lecture d'abord, par la délibération ensuite. Bien que j'aie l'honneur d'appartenir moi-même à la section d'histoire et de philologie, j'oserai lui rendre ce témoignage, qu'elle n'a pas failli à ce double devoir. Elle a pesé avec l'impartialité la plus scrupuleuse la part qu'elle devait faire, comme élément d'appréciation, soit à l'importance relative du sujet, soit à la connaissance des sources manuscrites ou imprimées, à cette érudition exacte et précise sans laquelle l'histoire est exposée à devenir le plus fastidieux des romans, soit enfin à l'habileté de la mise en œuvre, à cet art précieux de la composition, qui a toujours distingué jusqu'ici les œuvres de l'érudition française, et qu'il est d'autant plus légitime d'honorer et d'encourager qu'il tient à l'exercice des plus hautes facultés de l'intelligence. Nos suffrages se sont arrêtés sur l'ouvrage dans lequel, malgré des imperfections, les qualités différentes du fond et de la forme nous ont paru réunies et en quelque sorte complétées les unes par les autres avec le plus de succès. La section d'histoire et de philologie du Comité des travaux historiques et des Sociétés savantes décerne le prix de 3,000 francs, fondé par le décret du 30 mars 1869, à l'*Histoire de l'ordre de Cluny depuis la fondation de l'abbaye jusqu'à la mort de Pierre le Vénérable*, ouvrage publié aux frais de la Société éduenne, déjà couronné par le jury du ressort académique de Lyon, et dont l'auteur est M. Henri Pignot, d'Autun.